Hombre, retrasa el orgasmo controlando tu respiración

© Mann Longlove

ISBN: 9781795853804

Independently published

Todos los derechos reservados. Queda prohibida la reproducción total o parcial de este material, por cualquier medio, sin previa y expresa autorización por escrito del titular de los derechos.

Aviso importante: esta obra expresa las ideas, criterios y opiniones de su autor. Los procedimientos planteados no tienen por qué resultar apropiados para todas las personas. El seguimiento de las sugerencias propuestas no garantiza una obtención automática de los resultados señalados. Se recomienda además que la puesta en práctica de los ejercicios se haga en estrictas condiciones de salud. No se puede garantizar la precisión, exactitud e integridad de la información expuesta. Todas las partes implicadas en la publicación de la obra niegan específicamente cualquier responsabilidad por posibles daños derivados de la aplicación de cualquier contenido del libro.

Hombre,
retrasa el orgasmo
controlando tu respiración

1

GRACIAS POR TODO, PERO YA NO TE NECESITO

Todo conocimiento comienza con la experiencia.

KANT

La eyaculación precoz parece haber sido una gran aliada para la humanidad durante millones de años, nos ha ayudado a reproducirnos cuando las circunstancias del ambiente eran diferentes a las actuales.

Entonces no solo había que hacer frente a condiciones climáticas adversas o depredadores, también que competir con otros de la misma especie para poder extender nuestra genética.

En un ambiente hostil y competitivo, el hecho de que la inseminación no se produjera pronto, podría poner en peligro la reproducción de algunos individuos e incluso de la especie.

Miremos un momento hacia el mundo animal y el tiempo que tardan en copular:

Mosquito: 2 segundos

Chimpancé: 3 segundos

Ratón: 5 segundos

Delfín: de 2 a 10 segundos

Ciervo: entre 5 y 10 segundos

Conejo: 20 segundos

Ballena: 30 segundos

Con estos breves periodos de apareamiento, raramente un depredador tiene tiempo de atacar o un competidor de pelear por la cópula.

La eyaculación precoz es un invento humano, para la naturaleza y para el desarrollo de las especies nunca ha tenido un sentido negativo, todo lo contrario, al hacer más probable la inseminación. Pero ahora que no vivimos en cuevas y que podemos hacer el amor tranquilamente en casa, es un auténtico *estorbo*.

El sexo se ha convertido para los seres humanos en mucho más que una necesidad física relacionada con la función reproductora, *se le ha añadido* el componente afectivo y emocional.

El sexo es mucho más que lo corporal, es una forma de contacto físico que influye en nuestra manera de sentirnos y en nuestra autoestima.

Incluso hay un *componente social*, las personas que tienen pocas (o inexistentes) relaciones sexuales pueden estar, al menos en ciertos ambientes, *peor consideradas*.

Además ya no se busca solamente la propia satisfacción, dar placer a la pareja también forma parte del disfrute sexual. Y no solo eso, existe cierta presión por tener un buen rendimiento, muchas personas esperan que la pareja *cumpla* para poder quedar satisfechas.

En el Manual Diagnóstico y Estadístico de los Trastornos Mentales (DSM-5) de la Asociación Americana de Psiquiatría aparece la eyaculación prematura o precoz, y el primer criterio para considerarse como tal es que la eyaculación de forma habitual se produzca en el minuto siguiente a la penetración vaginal y antes de que lo desee el individuo (también se referiría a actividades sexuales no vaginales).

El segundo es que esto ha ocurrido por lo menos durante seis meses en casi todas o en todas las ocasiones, entre el 75% y el 100%, de la actividad sexual.

El tercer criterio es que provoque un malestar importante al individuo.

También se añade que la precocidad no se explica:

- Por un trastorno mental no sexual.

- Como consecuencia de una alteración grave de la relación u otros factores estresantes significativos.

- No se puede atribuir a otra afección médica ni a los efectos de una sustancia o medicación.

Es importante también si el trastorno siempre estuvo presente (ha existido desde que el individuo alcanzó la madurez sexual) o ha sido adquirido (empezó tras un periodo de actividad sexual relativamente normal).

Otro aspecto a considerar es si es generalizado u ocurre solamente con determinados tipos de estimulación, situaciones o parejas.

Por último, según la gravedad habría tres tipos:

Leve: La eyaculación se produce entre los 30 y 60 segundos siguientes a la penetración vaginal.

Moderado: entre los 15 y 30 segundos siguientes a la penetración vaginal.

Grave: la eyaculación se produce antes de la actividad sexual, al principio de la misma, o antes de los 15 segundos siguientes a la penetración vaginal.

En la Clasificación Internacional de Enfermedades de la Organización Mundial de la Salud (CIE-10) también encontramos, entre los trastornos mentales y del comportamiento, la eyaculación precoz, que se define como la incapacidad para controlar la eyaculación el tiempo suficiente para que ambos miembros de la pareja disfruten de la relación sexual.

En casos extremos puede ocurrir incluso antes de la penetración.

También se considera precoz si la erección requiere de una estimulación anormalmente prolongada y posteriormente el intervalo de tiempo entre la erección y la eyaculación es corto, aunque el problema aquí es un retraso en la erección.

La eyaculación precoz afecta a uno de cada cinco españoles según publicó en 2013 la agencia de noticias EFE, pero solo el 15% de quienes la sufren lo consulta con el médico. A nivel mundial este trastorno afecta al 20-25% de la población masculina.

En el Congreso de Salud Sexual de Lisboa del año 2007 se determinó que el 93% de los hombres con esta disfunción eyacula antes del primer minuto de coito.

Antes la eyaculación precoz era considerada un signo de virilidad. Esto se relacionaba con una concepción de la mujer como objeto de deseo sexual, no como sujeto. A partir de la segunda mitad del siglo XX, con la llegada de la liberación sexual femenina, esta idea fue cambiando.

Se considera una disfunción sexual masculina, pero es más un problema de la pareja que exclusivamente del hombre. Es normal la aparición en ambos de sentimientos negativos como tensión, angustia y ansiedad. Suele afectar más a hombres jóvenes y si no se trata, a largo plazo amenaza el futuro de la relación por conducir frecuentemente a insatisfacción, a la hostilidad y a la ruptura de la pareja. Vergüenza es el sentimiento habitual en los afectados, siendo también la razón por la que no hablan de su problema ni visitan al médico, y el de sus parejas la frustración.

En 2014, los profesores Eric Corty y Jenay Guardiani de la Universidad Estatal de Pensilvania, publicaron en la revista *Journal of Sexual Medicine* un estudio que concluía que la relación sexual satisfactoria para las parejas tiene un margen de entre 3 y 13 minutos.

Para ello encuestaron a cincuenta miembros de la Sociedad para la Terapia y la Investigación Sexual.

La mayoría de especialistas participantes opinaba lo siguiente sobre la duración de relación sexual:

Demasiado corta: de 1 a 2 minutos.

Adecuada: entre 3 y 7 minutos,

Deseable: entre 7 y 13 minutos.

Demasiado larga: de 10 a 30 minutos.

Estos tiempos no incluyen la estimulación erótica previa al acto sexual o juegos preliminares, sino desde la penetración hasta el momento de la eyaculación.

La duración media del acto sexual varía en los distintos países.

En 2015, por medio de la aplicación *Spreadsheets*, se realizó un estudio para el que se recogieron datos de 13.500 personas de 133 nacionalidades diferentes.

Los resultados sobre el tiempo medio de duración (en minutos y segundos) del coito fueron:

Australia   4:02

Estados Unidos   3:45

Canadá   3:41

Rusia   3:31

México   3:23

España   3:22

Reino Unido   2:56

Francia   2:43

Italia   2:40

China   2:40

El tiempo de eyaculación *normal* es una cuestión cultural que varía según los países, diferentes estudios han mostrado que la duración considerada normal es diferente según donde se viva.

El mayor estudio realizado sobre la duración del coito se realizó en 2005 y se publicó en el *Journal of Sexual Medicine*. Tras recoger datos de 500 parejas, los encargados del estudio encontraron una gran variedad en los tiempos, demostrando que realmente no existe un tiempo de duración *normal*.

La media fue de 5,4 minutos en parejas heterosexuales, sin contar con la estimulación preliminar.

La eyaculación precoz, que es actualmente la segunda disfunción más frecuente en España después de la disfunción eréctil, es una conducta, y como tal puede cambiarse.

Aunque no se consideraría propiamente eyaculación prematura, muchos hombres pueden presentar tiempos algo superiores al tipo leve, es decir, de algo más de un minuto, experimentando un malestar similar.

Por último, otro grupo significativo sería el compuesto por hombres que simplemente no están contentos con los tiempos habituales de sus coitos y desearían prolongarlos.

El propósito de esta guía es enseñarte a ***manipular tu respiración para acceder a un estado de calma que te permita controlar la eyaculación***, retrasando así el orgasmo.

Conviene entender la calma no como un estado pasivo. Es posible estar en un estado de relajación mientras no se realiza otra actividad, pero también es posible sentirse relajado mientras se trabaja, se conduce un vehículo o se mantienen relaciones sexuales.

Se propondrán una serie de pasos o elementos, pero **la idea es que cada persona llegue a encontrar su manera de respirar para autocontrolarse**.

Se presentará información relacionada con ciertos aspectos de la respiración y la sexualidad, pero no se expondrán abundantes datos sobre anatomía ni sobre el funcionamiento del aparato respiratorio ni de los órganos sexuales. Tampoco se tratarán de justificar con bibliografía o referencias científicas todas las ideas planteadas, ya que esta lectura está dirigida al público en general, no a profesionales, y su objetivo es el logro de un mayor autocontrol sobre la eyaculación.

Se recomienda leer el texto al completo antes de iniciar los ejercicios para tener una idea global del método propuesto. Una segunda lectura, más pausada y reflexiva, será mejor momento para empezar el entrenamiento personal.

Es necesario entrenar.

Para obtener un completo beneficio de estas técnicas, **se debería comenzar empleando la relajación mediante la respiración en situaciones no sexuales.**

Necesitamos de cierta preparación, de cierto entrenamiento general para después llegar más fácilmente a una respiración adecuada a nuestro objetivo.

Si solamente aplicamos técnicas de respiración durante las relaciones sexuales, los resultados serán más pobres, ya que no tendremos tanta práctica en el control respiratorio ni en el acceso a ese estado de serenidad.

En cambio, si aprendemos a controlar la respiración y lo practicamos de forma cotidiana, será mucho más fácil relajarse cuando nos lo propongamos.

Como en cualquier aprendizaje, los mejores resultados se obtienen con la práctica continuada y el entrenamiento diario.

Aunque la respiración es un proceso automático que está regulado por el cerebro, es posible para al ser humano influir sobre ella y dirigirla. Además el aparato respiratorio es muy sensible a las emociones, a lo psicológico.

La respiración se ve fácilmente alterada por la alegría, la tristeza, la ira o el miedo, y el sistema respiratorio puede reflejar los conflictos emocionales o el estrés con alteraciones como dificultad para respirar, sensación de ahogo, etc.

Con la respiración y con los músculos que intervienen en ella se puede trabajar de forma parecida a como se hace con otras habilidades, funciones y músculos, es decir, practicando, ejercitando o entrenando.

Un consejo importantísimo es que los ejercicios respiratorios se deben realizar en estrictas condiciones de salud. Igualmente, aunque te sientas bien y creas que estás en perfecto estado, debes empezar a practicar con mucha prudencia y suavidad, de forma progresiva y sin esfuerzos, ya que como veremos después, pueden estar contraindicados en algunos casos.

2

¿POR QUÉ LA RESPIRACIÓN PARA CONTROLAR EL ORGASMO?

Si controlas la respiración controlarás todas las situaciones de tu vida.

YOGUI BHAJAN

La respiración es una actividad imprescindible que nos acompaña de forma continuada, un acto reflejo que ocurre más de 20.000 veces al día.

Aunque en la mayoría de los momentos está en un segundo plano y no tenemos conciencia de cómo estamos respirando, siempre es posible tomar su control con nuestra atención y voluntad.

De los diferentes procedimientos para relajarse que existen, los más útiles a juicio del autor son los que utilizan principalmente la respiración, porque respirar es un proceso que se puede manipular prácticamente *casi* en cualquier momento o circunstancia, y porque además se relaciona directamente con las sensaciones de calma o nerviosismo. También la evidencia clínica ha demostrado que estos métodos son los más eficaces frente a otras alternativas.

La respiración no está aislada del resto del cuerpo, está íntimamente ligada a la actividad física y mental y al estado emocional en el que nos encontremos. Tanto las acciones que realizamos como las emociones que sentimos producen cambios en la respiración.

Además cada persona posee unas preferencias o tendencias respiratorias propias, como ocurre con la forma de andar, de hablar, de reírse o de firmar.

Nuestra expresión facial, postura y movimiento corporal se ven influidos por cómo nos sentimos. Así, la tristeza se acompaña de mirada hacia abajo, encorvamiento de hombros y caminar lento. La Psicología nos muestra que podemos revertir el proceso y cambiar nuestro modo de sentirnos modificando los elementos anteriores.

Si miramos al frente, adoptamos una postura recta y caminamos con más velocidad será más probable que logremos salir de la tristeza.

Algo similar ocurre con la respiración. Aunque el estrés influye en cómo respiramos, podemos invertir esta dinámica y promover la calma modificando la forma en que respiramos.

Igual que las emociones y los cambios de ánimo pueden alterar la respiración, si modificamos nuestra respiración voluntariamente produciremos en el cerebro una reacción que nos inducirá ese estado de ánimo. Cuando estamos en calma, la respiración que nos acompaña es más lenta y suave. Si ralentizamos y suavizamos nuestra respiración, automáticamente nuestro cerebro evocará esa situación.

Además parece demostrado que respirar de forma controlada contribuye a reducir los niveles de inflamación del organismo, mejorar la función cardiovascular y ayudar al correcto funcionamiento del metabolismo.

Para finalizar, otro aspecto positivo de los ejercicios respiratorios es que pueden contribuir al desarrollo de un mayor y/o mejor autocontrol. Cuando te concentras sobre ella y la diriges, tu respiración deja de funcionar de forma automática y tomas el mando de tu actividad física.

Durante el sexo, muchos hombres descuidan su respiración y tienden a aguantarla, lo que produce una mayor excitación y conduce más fácilmente a una eyaculación más temprana.

3

NO PIERDAS DE VISTA TU RESPIRACIÓN

Lo primero que vas a necesitar es ***mantener cierta vigilancia o monitorización sobre tu respiración.***

Es cuestión sobre todo de voluntad y de mantener la concentración en la propia respiración, algo a lo que muchas personas no están acostumbradas, ya que la mayor parte del tiempo no le prestan atención, ni tan siquiera dan importancia a cómo respiran.

Mientras te concentras en la respiración intenta dejar todo tu cuerpo relajado. Simplemente mantén controlada tu respiración y muy probablemente, de forma indirecta, tus músculos se vayan relajando.

A principios del siglo XX, el médico Edmund Jacobson desarrolló una técnica de relajación basándose en que, si la tensión muscular acompaña a la ansiedad, sería posible reducir la ansiedad aprendiendo a relajar la tensión muscular.

Tensar los músculos permite que se relajen más que si se hubieran tratado de relajar sin tensar previamente, por lo que se indica a la persona a que aplique a su musculatura tensión y distensión de manera alternativa. Es lo que la mayoría de las personas experimentan tras haber practicado deporte, relajación después de la tensión. El correcto entrenamiento en esta técnica supone mucho más que tensar y relajar músculos, requiere la aplicación estructurada y bien secuenciada de un conjunto de procedimientos; dura un mínimo de siete semanas y la persona aprende a tensar y a relajar 16 grupos de músculos. Al final se aprende a relajar los músculos directamente, sin ponerlos antes en tensión.

Este uso de la tensión y distensión como relajante lo emplean muchas personas de forma espontánea cuando, por ejemplo, estando en la cama, mueven un pie o pierna durante un rato con el objetivo de sosegarse y dormir.

Hay que tener presente que al respirar también se está también realizando un ejercicio de tensión y distensión, ya que se tensan y relajan de forma alternativa los músculos de la zona abdominal y pectoral, sobre todo si lo hacemos de forma profunda o con esfuerzo. Por ello la manipulación de la respiración puede considerarse un doble ejercicio de relajación.

4

RESPIRA MÁS DESPACIO

Lo que se hace con precipitación nunca se hace bien; obrar siempre con tranquilidad y calma.

SAN FRANCISCO DE SALES

A lo largo del día la respiración se va adaptando de manera automática a las distintas situaciones que vivimos. No respiramos del mismo modo cuando estamos caminando, comiendo, escuchando con atención, riendo o preocupándonos. La respiración es un proceso dinámico y cambiante.

Al nerviosismo o la intranquilidad le suele acompañar una respiración rápida y en muchos casos superficial. A este fenómeno se le ha denominado *hiperventilación*.

La hiperventilación puede ocurrir a través del aumento de la frecuencia, de la profundidad de la respiración o de ambas, y debe entenderse en relación con la actividad que se realiza.

No se refiere tanto a la alteración de la respiración en sí, sino a su falta de sintonía con la acción física.

Una persona que corre no está hiperventilando porque respire con más frecuencia, a no ser que la frecuencia sea exageradamente alta para el ejercicio que está realizando. Del mismo modo, alguien en estado de reposo puede hiperventilar al presentar un ritmo respiratorio demasiado elevado para estar en esa situación.

Se trata de un estado supuestamente poco saludable, pero no olvidemos que la respiración rápida ha tenido y tiene una ventaja ante situaciones de peligro. La reacción innata de nuestro cuerpo al miedo con una respiración más acelerada produce tiempos de respuesta más veloces ante los posibles peligros del medio ambiente.

En algunos textos se equipara el «respirar profundamente» con la hiperventilación, al entender que se refiere a respirar más aire con una reducción en los niveles de dióxido de carbono (CO_2).

En este sentido muchos estudios apuntan en la misma dirección: a *más* respiración hay menor oxigenación de las células del cuerpo, también del cerebro.

La hiperventilación supone el aumento de la frecuencia o profundidad de la respiración y causa que el nivel de CO2 en sangre disminuya.

El equilibrio entre los niveles de oxígeno y de dióxido de carbono se altera, eliminándose una importante cantidad de CO2 al expulsar el aire.

Con la falta de dióxido de carbono (lo que se ha llamado *hipocapnia*) los vasos sanguíneos se contraen, habiendo por ello menor flujo sanguíneo y menor oxigenación al cerebro, corazón, riñones, hígado, colon, estómago y otros órganos vitales.

Un enorme número de investigaciones y estudios médicos han demostrado los efectos perniciosos de la hiperventilación y de la *hipocapnia* en las células, tejidos, órganos y sistemas del cuerpo humano.

El CO2 funciona como un estabilizador del sistema nervioso, una especie de sedante o tranquilizante natural. Es también un regulador esencial de numerosos procesos vitales y un poderoso broncodilatador.

Lo importante no es tener más oxígeno en la sangre, sino que éste se mantenga en niveles adecuados con respecto a la cantidad de CO2. De hecho, un ser humano moriría en cuestión de minutos si sus niveles de dióxido de carbono cayeran a un cuarto o un quinto de los niveles normales.

Antes se pensaba que el dióxido de carbono era un gas tóxico o de desecho, mientras que el oxígeno era generador de vida y vigor.

Esta idea tiene su origen a finales del siglo XVIII, cuando el científico Antoine-Laurent Lavoisier descubre el mecanismo del intercambio de gases durante la respiración. En sus investigaciones, los ratones morían en un bote de cristal cerrado con una atmosfera compuesta de grandes cantidades de dióxido de carbono y muy poco oxígeno.

Estamos acostumbrados a ver el oxígeno como positivo y el CO_2 como negativo, pero lo importante es el equilibrio. De hecho, el cerebro no presta mucha atención al oxígeno, porque una respiración normal (inconsciente o automática) ya proporciona a la sangre el oxígeno necesario, entre 95 y 99% en la mayoría de casos.

Lo realmente importante no es cuánto oxígeno llevas en la sangre, sino cuánto puedes utilizar, y esto depende en parte de la presencia de CO_2, por el llamado *efecto Bohr*. Christian Bohr descubrió en 1904 que la hemoglobina libera más fácilmente su oxígeno en los tejidos al elevarse el CO_2.

Pero si respiras mucho, especialmente por la boca, el CO_2 se mantiene bajo y la hemoglobina libera menos oxígeno.

Esto eleva la posibilidad de presentar ansiedad e incluso un ataque de asma.

Paradójicamente, respirar *de más* reduce la disponibilidad de oxígeno a nivel celular, y reduce nuestra tolerancia al CO2, haciéndonos volver a respirar de más y ayudando a que se repita el ciclo como un círculo vicioso.

El cerebro monitoriza principalmente la acumulación de CO2, no de oxígeno, y el estímulo o el impulso de la respiración no surge realmente por una carencia de oxígeno, sino por un aparente exceso de CO2.

El objetivo de la respiración es la oxigenación de los tejidos y la depuración de los mismos a través de la sangre y de los pulmones. Pero esto no se logra con un exceso de oxígeno sino con un equilibrio gaseoso entre el oxígeno y el dióxido de carbono.

Este equilibrio se consigue cuando hay tiempo suficiente para que ocurra el intercambio gaseoso en los pulmones, lo cual se relaciona con la velocidad de la respiración.

Los pulmones necesitan un breve tiempo para absorber y metabolizar los gases, por eso parece mucho más importante respirar despacio que hacerlo profundamente.

La importancia del NO.

Otro elemento que interviene en nuestro proceso respiratorio es el óxido nítrico, también llamado monóxido de nitrógeno o por sus siglas, NO.

En las cavidades nasales y en los bronquios se produce óxido nítrico, un gas inodoro e incoloro considerado contaminante, pero que interviene en actividades vitales como la regulación del flujo sanguíneo, la función plaquetaria, el sistema inmunológico o la transmisión nerviosa.

La cantidad de óxido nítrico que producimos depende del aire que tomamos. Mientras la respiración rápida disminuye su cantidad en el organismo, la respiración nasal, lenta y controlada lo aumenta.

El óxido nítrico participa en la erección masculina. Los medicamentos empleados para tratar la disfunción eréctil, como el *sildenafil o sildenafilo* (principio activo de la Viagra), intervienen en la ruta del NO que permite el flujo de sangre hacia el órgano sexual del hombre.

Una erección comienza cuándo el cuerpo libera óxido nítrico hacia las terminaciones nerviosas, la zona de la pelvis y el pene.

Esta liberación puede producirse por estímulos del ambiente, situaciones que incitan o pensamientos eróticos.

Con la llegada del NO se produce una relajación de los músculos y se dilatan los cuerpos cavernosos y los vasos sanguíneos del pene, lo que provoca un efecto de vacío que permite mayor entrada de sangre en las venas del pene, aumentando en tamaño y grosor, es decir, produciendo la erección.

Hay estudios que concluyen que la producción del óxido nítrico responsable de la erección depende de la cantidad de oxígeno que hay en el pene, por eso ocurren problemas de erección en personas con trastornos vasculares, ya que no entra la suficiente sangre al pene y con la sangre, el oxígeno. Si a los tejidos de los cuerpos cavernosos del pene se les somete continuamente a un estado de falta de oxígeno (hipoxia) se puede llegar a la impotencia.

Pero para la erección hay más elementos implicados además del NO; nuestra respuesta sexual depende también de estímulos poco perceptibles como el nivel de relajación, el uso de fantasías, la confianza en sí mismo u otros más difíciles de demostrar, como la posible acción de las feromonas sexuales.

El óxido nítrico tiene también estos otros efectos o funciones:

a) Inhibe el crecimiento de agentes patógenos como bacterias, hongos, parásitos y tumores, ofreciendo una primera protección o defensa.

b) Estimula la movilidad de los cilios, unas estructuras microscópicas que sirven para mantener las vías aéreas limpias de mucosidad y suciedad.

c) Mejora la función pulmonar: tiene un efecto vasodilatador que ayuda a la normalidad en la presión arterial pulmonar.

d) Mejora la capacidad de los pulmones para el intercambio de gases, aumentando la oxigenación arterial.

e) Reduce la inflamación y la coagulación de la sangre.

f) Aumenta la resistencia, la fuerza y el desarrollo muscular.

g) Mejora la movilidad gástrica, la calidad del sueño, la percepción sensorial y la memoria.

En las últimas décadas las investigaciones realizadas sobre este gas se cuentan por decenas de miles.

Los neurotransmisores son moléculas químicas que envían señales dentro del sistema nervioso.

El óxido nítrico, al ser un gas, no encaja con los criterios para clasificarlo como neurotransmisor, aunque se sabe que actúa como mensajero químico.

Generalmente, los neurotransmisores son producidos, almacenados y empleados cuando el sistema nervioso los requiere. El caso del NO es distinto, pues no se produce por adelantado, se sintetiza en diferentes células en el momento en que se necesita, ya que no es posible almacenarlo.

Además, a diferencia de otros neurotransmisores, no tiene un efecto localizado sino que se difunde en muchas direcciones, y al ser un gas puede afectar a muchas células.

Actualmente se sabe que el óxido nítrico se produce en una gran variedad de tipos de células, y que participa en procesos que permiten la supervivencia de los organismos.

Sin embargo también puede resultar muy dañino, ya que la pérdida del control en sus niveles tiene consecuencias graves. El mal funcionamiento en la producción o en la disponibilidad del NO se asocia con hipertensión, disfunción eréctil, trastornos del sistema inmune y procesos neurodegenerativos como Alzheimer y Parkinson.

La mayoría de las moléculas que regulan a los organismos, como las proteínas y algunas hormonas, son complejas y requieren de receptores y canales en la superficie de la célula para poder entrar o salir de ella. En cambio, el óxido nítrico es una molécula pequeña y neutra que se difunde libremente a través de la membrana celular, por lo que puede alcanzar rápidamente a las moléculas con las que interactúa en el interior de la célula. Pese a su simplicidad química, es muy versátil, lo que le permite regular una gran variedad de funciones importantes para la vida de los organismos.

Nuestros antepasados, los australopitecos, tenían una nariz plana similar a la de algunos primates actuales, en la que el aire entraba frontalmente. Con la evolución nuestra nariz cambió formando un tabique exterior y orificios verticales orientados hacia abajo. Esto no fue casual, sino que realizaba una función vital, ya que al entrar de esta forma el aire se atempera y se humidifica, mejorando nuestra capacidad aeróbica. Al expulsar el aire, el mismo circuito minimiza la pérdida de agua. Además la nariz actúa de filtro, bloqueando bacterias y partículas contaminantes.

Aunque hemos evolucionado para respirar por la nariz, muchas personas tienden a respirar por la boca, con efectos perniciosos como deformación facial, mandíbulas anormales y deficiente cerramiento.

También se produce sequedad y disminución del pH salival, derivando en más caries y peor salud bucal. Además es un factor de riesgo en el desarrollo de asma, perjudica la capacidad aeróbica y cognitiva e interfiere con la correcta activación del diafragma.

Por último, respirar por la boca induce a respirar *de más*, es decir, a hiperventilar, con los nocivos efectos que esto ocasiona.

Así pues, ***la respiración debe empezar por la nariz***, no por la boca. De esta forma también se limpia y se humedece el aire, pasando en mejores condiciones a las vías respiratorias bajas.

Si respirar deprisa se relaciona con estados de ansiedad y agitación, hacerlo despacio se asocia a sensaciones de calma y sosiego. Por ello y por todo lo explicado anteriormente, el siguiente paso es ir bajando la velocidad de manera progresiva, o sea, ***respirar cada vez más lentamente de forma gradual, tanto en la toma de aire como en la expulsión.***

En condiciones normales, una vez se focaliza la atención en la propia respiración, suele ser bastante fácil reducir la velocidad, pudiendo llegar a un notable descenso en un breve espacio de tiempo.

En reposo, la frecuencia respiratoria normal de un adulto, sin la intervención consciente de la persona, es como mínimo de doce respiraciones por minuto, aunque esto varía según el sexo y la edad. Es muy sencillo bajar esta cantidad a la mitad o menos simplemente con nuestra atención y nuestra voluntad. También en la respiración normal, la espiración suele ser un poco más duradera, sobre un 20% más de tiempo, que la inspiración.

Hay datos interesantes sobre algunos practicantes de yoga o *yoghis*, que consiguen mantener una frecuencia de una respiración por minuto, es decir, toman y sueltan aire una vez cada minuto.

Trata de respirar cómodamente, cada vez con mayor lentitud, permitiendo que tu cuerpo se vaya adaptando poco a poco.

Durante la fase de entrenamiento, si quieres, puedes ayudarte con números, contando con un ritmo constante, o teniendo a la vista un reloj que marque los segundos. Eso te dará una medida de como va disminuyendo la velocidad de tu respiración y además podrá favorecer la concentración, evitando distracciones o pensamientos no deseados.

5

RESPIRA MÁS PROFUNDO

Los hombres verdaderos respiran desde los talones.

CHUANG TZU

Cuando estamos angustiados o estresados no solo respiramos de forma rápida, sino además de manera poco profunda. La hiperventilación también puede referirse a una respiración de tipo superficial.

Al buscar en Internet la expresión «respira hondo» aparecen casi medio millón de resultados. Esto parece reflejar el saber popular sobre los posibles beneficios, aunque sean momentáneos, de controlar la respiración y tomar aire con mayor profundidad.

Pero si dedicas un tiempo a navegar por la red en busca de información sobre los posibles beneficios y riesgos de respirar profundamente podrás encontrar afirmaciones y datos contradictorios.

Por una parte parece comprobado que, en general, los ejercicios respiratorios actúan sobre el sistema nervioso y los centros endocrinos.

También se habla de beneficios en el sistema inmunológico, circulatorio, digestivo y respiratorio.

Además podremos hallar que ayudan a dormir mejor, a tener más energía, mejoran la memoria y la concentración, reducen la irritabilidad y la fatiga. Incluso que la gradual extensión de la expulsión de aire tiene potencial para detener los procesos de envejecimiento.

Tradicionalmente se han señalado también las consecuencias de hiperventilar de manera crónica y, en general, de no respirar correctamente, como debilidad, insomnio, irritabilidad, daños en tejidos, desórdenes metabólicos, etc.

Pero, por otra parte, hay informaciones que señalan fenómenos diferentes y algunos posibles riesgos asociados a la respiración profunda.

En algunas personas, respirar profundamente puede ocasionar tos, dolor en el pecho, dificultades en la respiración o broncoespasmo (contracción de la musculatura de los bronquios que impide el correcto paso del aire hacia los pulmones).

Incluso existe una prueba médica llamada «provocación de hiperventilación» o «test de respiración profunda» cuya utilidad consiste en la inmediata reproducción de los síntomas de algunas enfermedades crónicas como asma (inflamación crónica de pulmones y vías respiratorias), enfermedad cardíaca, etc.

La mayor parte de las personas asume que la respiración profunda es beneficiosa, y entienden que respirar más aire nos proporciona mayor cantidad de oxígeno, mientras que el dióxido de carbono es tóxico.

Pero si, como se dijo antes, la respiración *normal* proporciona a la sangre arterial una oxigenación casi máxima, ¿para qué respirar profundamente?

Para algunos, la creencia en los beneficios de la respiración profunda es una de las grandes supersticiones existentes en la población occidental.

Algunas investigaciones no han podido hallar ninguna ventaja de la respiración profunda. Mucha gente cree en sus beneficios, pero según algunos especialistas no es conveniente en todos los casos y además puede causar hiperventilación.

En este sentido, muchos estudiosos plantean que se deben respetar los estilos respiratorios individuales de las personas y dirigir los entrenamientos a la relajación de los músculos abdominales, lo que sirve para favorecer que la respiración siga siendo permeable a las distintas actividades, emociones y características de los individuos.

En cambio, otros investigadores tratan de explicar por qué la respiración profunda calma, estabiliza y ayuda a tomar mejores decisiones.

En un experimento con ratones, científicos de la Universidad de Stanford identificaron un pequeño grupo de unas 350 neuronas que regulan la conexión entre la respiración y la actividad cerebral y que afectan a los estados emocionales de ansiedad o calma.

Cuando los científicos anularon la actividad de dichas células, descubrieron que los ratones aun respiraban normalmente, pero permanecían extrañamente calmados. El trabajo, liderado por el Dr. Mark Krasnow, buscó la principal región del cerebro que controla el ritmo de la respiración, llamada el complejo *pre-Bötzinger*.

Descubrieron que un subconjunto de neuronas en dicho complejo transmite señales a la región que modera las sensaciones de alerta, atención y estrés.

Los investigadores mataron a las neuronas que se cree que conectan la respiración con la excitación, dejando a las otras neuronas ilesas. Después comprobaron que los ratones permanecían más tiempo en estado de calma.

Algunos estudiosos suponen que los ejercicios de respiración profunda deberían hacerse muy despacio para acumular más CO_2 en la sangre, pero hacerlo así implica respirar menor cantidad de aire en comparación con la respiración normal. Entonces quizás sea más correcto hablar de **respiración reducida**.

Realmente, los textos clásicos de yoga no incluyen ninguna alusión a la respiración profunda y, de hecho, para que el *Pranayama* (la antigua práctica de control respiratorio) resulte efectivo debería realizarse lo más despacio posible. La respiración profunda durante el Pranayama realizado correctamente solo es profunda en apariencia, ya que su objetivo es acumular mayor cantidad de CO_2.

Entonces, ***la inspiración profunda abdominal debería realizarse lo más lenta posible, para aumentar los niveles de CO_2 en el cuerpo y así respirar menos y más despacio***.

En esta línea, muchos profesionales de este campo opinan que la salud se asocia más a una respiración lenta que a una respiración profunda.

No obstante, respirar profundamente podría también implicar beneficios a largo plazo, como un mejor control de la respiración y un mayor desarrollo de la musculatura y de la capacidad pulmonar.

Este es el siguiente elemento a incluir, la profundidad de la respiración. La idea es sencilla: ***respira de forma cada vez más lenta y profunda, al principio sin hacer esfuerzos.***

6

RESPIRA CON TODO EL EQUIPO

Lo que se utiliza se desarrolla, lo que no se utiliza se atrofia.

HIPÓCRATES

Cuando una persona se queda ciega, el cerebro permite que las áreas que se dedicaban a la visión empiecen a ser ocupadas por otros sentidos, pudiendo así desarrollar más el oído y el olfato. Es una muestra de cómo el cuerpo humano aprovecha las estructuras que tiene y se adapta a sus propias necesidades.

Pero la respiración es otro tema. Hay estudios que afirman que la mayoría de la gente usa solo el 30% de su capacidad respiratoria. Otras publicaciones concluyen que la mayoría de las personas son «respiradoras verticales», utilizan para ello los músculos del cuello y los hombros, los cuales no fueron biológicamente diseñados para respirar.

La forma de vida actual no parece promover la respiración más adecuada, ni el completo aprovechamiento de la capacidad pulmonar. Al contrario, el ritmo apresurado y la gran cantidad de estimulación favorece que se respire de forma superficial, rápida e incompleta.

En general estamos tan desconectados de nuestra naturaleza que hacemos de manera pobre algo tan básico y relativamente sencillo como respirar.

Puede parecer que no, pero la respiración implica un importante número de músculos, y son más los que trabajan en las inspiraciones y espiraciones forzadas que los que lo hacen durante la respiración *normal*.

Se han definido variaciones de la respiración según la zona principal que trabajen. El tórax y el abdomen nos permiten distintas posibilidades de expansión, y en ese sentido se habla de diferentes tipos de respiración:

1. Respiración abdominal, diafragmática o baja.

Es la más simple, natural y profunda, y facilita una mayor capacidad (unos tres litros de aire) con el mínimo esfuerzo porque utiliza la parte más baja y ancha de los pulmones. Esta manera de respirar se relaciona con menor ansiedad y más relajación.

El diafragma se encuentra situado entre el tórax y el abdomen y es una estructura móvil en forma de cúpula. Sin él, esta función no sería posible, aunque necesita de la participación coordinada de otros músculos para poder realizarse óptimamente. Este potente músculo interviene además en otras funciones importantes como la circulación sanguínea y linfática, la digestión o el parto.

En la inspiración, el diafragma se contrae, se aplana y desciende, lo que facilita el llenado. También hace presión sobre los órganos de la zona, a los que empuja hacia fuera, por lo que se abomba el abdomen. Cuando se relaja, asciende, ayudando al vaciado.

2. Respiración media, torácica, pectoral, intercostal o costal (hacia los laterales).

La caja torácica permite la respiración con la parte media de los pulmones (con una capacidad aproximada de un litro de aire) gracias a la musculatura intercostal.

Es considerada deficiente, aunque es preferible a la alta o clavicular. Las costillas y el diafragma se levantan ligeramente y el pecho se dilata parcialmente.

3. Respiración clavicular o alta.

Presenta poco o ningún beneficio, ya que es una respiración de tipo superficial. Se asocia también con estados de nerviosismo y ansiedad, y solo trabaja la parte más alta y estrecha de los pulmones, cuya capacidad aproximada en esta zona es de medio litro.

Abdomen y diafragma intervienen poco, y es considerada la peor manera de respirar, ya que consume demasiada energía para los resultados que ofrece.

4. Respiración completa.

Es la ideal, aquella que comprende los tres tipos anteriores, produciendo una expansión en todas direcciones para ventilar los pulmones con profundidad (unos cuatro litros y medio de aire), y en la que todos los músculos involucrados en la respiración entran en juego. Se considera que las personas que practican este tipo de respiración suelen contar con más vitalidad y fuerza, así como salud digestiva y general, mostrando mayor resistencia a las afecciones pulmonares.

Una respiración completa y correcta supone movilizar bien todas las estructuras disponibles.

Este tipo de respiración puede realizarse en tres movimientos distintos (abdomen, pecho y zona alta) o en uno solo si la inhalación se realiza con las tres partes a la vez, lo que parece más adecuado.

Se puede practicar frente a un espejo, colocando una mano sobre el abdomen y otra sobre el tórax, de manera que se puedan ver y sentir los movimientos, lo que ayudará mucho a comprender el mecanismo de la respiración completa y a conocer mejor nuestro cuerpo.

Realmente no resulta correcto decir que al respirar solo llenamos una parte de nuestros pulmones. El aire es gaseoso y por tanto, cuando inspiramos, se supone que se distribuye uniformemente por los bronquios y los bronquiolos. Podemos llenar los pulmones con mayor o menor cantidad de aire, pero en ningún caso podemos llenar de aire solo una parte de nuestros pulmones. Por cierto, el oxígeno representa aproximadamente un 21% del aire que respiramos.

Como ya te habrás dado cuenta, hay una estrecha relación entre respirar con todo el equipamiento y respirar profundamente. Para aumentar la profundidad con la que tomamos el aire debemos poner en acción la musculatura implicada.

El próximo paso sería entonces:

Respira lentamente desde la zona más baja y amplia progresivamente en todas direcciones mientras aumentas poco a poco la profundidad de tu respiración.

Lo ideal es llegar, con tiempo y entrenamiento, a un uso lo más completo posible del aparato respiratorio, de forma que trabaje todas las zonas mencionadas anteriormente.

7
ESPERA A NECESITAR AIRE OTRA VEZ

Se suele hacer referencia a tomar y expulsar aire, también a retener o aguantar la respiración, pero es menos habitual hablar de cuando respiramos de tal forma que permitimos a nuestro cuerpo pedirnos o indicarnos cuándo necesita volver a tomar aire.

Este es el siguiente punto: ***tras varias respiraciones lentas y profundas, expulsa el aire cómodamente y espera a que te apetezca volver a respirar***.

No se debe hacer ningún esfuerzo por aguantar sin respirar, se trata de *escuchar* al cuerpo, de permitirle que tras expulsar el aire no lo tome automáticamente, sino que espere a necesitarlo.

Aunque al principio la pausa respiratoria será seguramente muy breve, cada vez podrás esperar más tiempo entre la expulsión y la nueva toma de aire, pudiendo llegar fácilmente a tres o cuatro respiraciones por minuto.

Conviene aclarar que, *la pausa respiratoria que se plantea, más que una interrupción, es una prolongación de la expulsión del aire, con una mínima velocidad y sin ningún tipo de esfuerzo, casi involuntaria.* Algo así como dejar desinflarse un flotador o un globo al que le queda poco aire. Este tipo de respiración, extendiendo la expulsión del aire y añadiendo una pausa después, ha sido denominada «respiración endógena».

Por otra parte, los estudios sobre respiración también hacen referencia a otro tipo de pausa, una fase intermedia entre la toma y la expulsión de aire: la *retención* (aguantar la respiración por un breve tiempo tras tomar aire, antes de expulsarlo). No parece un paso imprescindible, quizás por ser algo menos natural, así que esta etapa puede o no incluirse en los ejercicios respiratorios a decisión de la persona practicante.

También se ha de señalar que, al respirar lentamente, ya se produce una cierta forma de retención, porque cuando llevamos varios segundos introduciendo aire y seguimos inhalando, *el aire que ya hemos tomado se está reteniendo*. Y lo mismo ocurre con la expulsión, cuando llevamos unos segundos exhalando y aún vamos a estar más tiempo haciendo lo mismo, también estamos reteniendo parte del aire.

Un fenómeno diferente, aunque relacionado, es la interrupción o contención involuntaria o inconsciente de la respiración por causas psicológicas.

Cuando Linda Stone trabajaba para Microsoft se descubrió a sí misma conteniendo la respiración mientras leía sus correos electrónicos. A raíz de esto decidió analizar esta conducta en otras personas. Los resultados de su estudio fueron claros: cerca de un 80% de las personas mostraron «apnea del e-mail», también llamada *apnea del correo electrónico* o *apnea de pantalla*, y que fue definida por Stone como la suspensión de la respiración o la respiración superficial mientras se atiende el correo electrónico. Esto no solo sucede al revisar los mensajes recibidos, también al redactar.

Pero esta reacción de interrumpir la respiración corresponde a algo más general, y ocurre ante otras situaciones de *expectación,* al esperar algo con interés, como cuando aguardamos una llamada importante y suena el teléfono, abrimos correo postal o físico, cuando miramos si ha salido nuestro número en la lotería, cuando nuestro equipo va a tirar un penalti, cuando alguien nos dice que tiene una noticia para nosotros o cuando vemos ciertas escenas en una película de suspense.

La interrupción de la respiración se observa frecuentemente cuando nos asustamos, cuando algo nos impresiona.

También ante el dolor físico o el psicológico, o cuando nos preocupamos o tratamos de resolver algo; a veces incluso por el simple hecho de pensar.

Cualquier esfuerzo o tensión pueden restringir la respiración, por algo «cortar la respiración» es una expresión muy usada en medios de comunicación y en publicidad.

Aguantar de esta forma la respiración activa el *sistema nervioso simpático,* disparando el ritmo cardiaco y provocando que el equilibrio entre el oxígeno, el dióxido de carbono, y el óxido nítrico se altere, perjudicándonos.

Los eyaculadores precoces tienden a contener o aguantar la respiración durante el coito, lo que aumenta la excitación.

De hecho, en el Manual Diagnóstico y Estadístico de los Trastornos Mentales (DSM-5) encontramos, dentro del *trastorno de masoquismo sexual*, una variante con *asfixiofilia* (el individuo busca conseguir la excitación sexual por medio de la restricción de la respiración).

También en la Clasificación Internacional de Enfermedades de la OMS (CIE-10) podemos leer algo parecido dentro del apartado «otros trastornos de la preferencia sexual», refiriéndose al uso de la estrangulación o de anoxia (falta de oxígeno) para intensificar la excitación sexual.

La *hipoxia erótica* se refiere a la interrupción o reducción de la respiración para obtener mayor placer sexual, tanto en las relaciones sexuales como en la masturbación. Las autoridades colombianas hicieron una revisión de necropsias practicadas en Bogotá entre los años 1998 y 2000, encontrando que por lo menos 21 de ellas correspondían a casos de hipoxia erótica. La mayor parte de las víctimas resultaron ser hombres que fueron localizados en viviendas, hoteles, oficinas y prisiones.

En 2017 un hombre de 29 años perdió la visión de uno de sus ojos después de tener un orgasmo la noche anterior. Según se publicó en el *British Medical Journal*, los doctores encontraron una hemorragia en un ojo que fue causada por un exceso de presión en los vasos sanguíneos. Los médicos explicaron que aguantar la respiración durante un orgasmo puede provocar la rotura de vasos sanguíneos, aunque el daño fue temporal y se han registrado muy pocos casos similares.

8

RELAJA LA ZONA DIGESTIVA

Hay una conexión real entre el intestino y el cerebro, y esto no es esotérico. Hay [...] una comunión entre el «cerebro uno» y el «cerebro dos», que es el que tenemos en el intestino. Aunque no nos enteremos, somos como un ovillo, y ningún sistema se mueve sin el permiso del otro. Si tiras del hilo, se mueve todo.

DR. CARLOS E. RODRÍGUEZ JIMÉNEZ

La digestión es una de las funciones biológicas primordiales del ser humano.

Para darle su verdadera dimensión e importancia quizá se deba tener en cuenta que nuestro aparato digestivo nos *atraviesa*, nos *recorre* con sus aproximadamente once metros de longitud.

Es, junto a la respiración, uno de los pilares de nuestra energía.

Digestión y respiración están vinculadas: tras una comida demasiado abundante la sensación de pesadez suele acompañarse de mayor dificultad para respirar, especialmente cuando después hay que realizar alguna actividad física aunque sea moderada. Algunos señalan que el efecto inmediato de comer en demasía es la hiperventilación, y que la falta de aire tras la ingesta es una señal común de haber comido excesivamente.

El saber popular relaciona las vivencias con lo digestivo: la angustia produce un *nudo en el estómago* o que se nos *revuelvan las* tripas, los enamorados sienten *mariposas en el estómago*, si tenemos mucho aguante nos dicen que *tenemos mucho estómago...*

Hablamos de los efectos que pueden tener determinadas emociones o experiencias intensas en nuestro aparato digestivo. Las emociones repercuten en nuestro organismo en general: agitan nuestra respiración, aceleran los latidos del corazón, dilatan las pupilas, nos hacen temblar, tener sudores o escalofríos, etc.

Mente y cuerpo están estrecha e indisolublemente conectados. Lo psicológico repercute en el cuerpo (un disgusto nos hace sentirnos mal físicamente) al igual que lo corporal tiene efectos en nuestra mente (una enfermedad física limitante puede conducir a la depresión).

Y es cierto que muchas personas manifiestan su ansiedad o malestar psicológico mediante molestias digestivas.

De la misma forma que nuestro cuerpo influye en nuestras emociones al estar hambrientos o cansados, las emociones también pueden influir sobre nuestro cuerpo. De hecho, cuanto más impactantes y fuertes sean esas emociones, más probabilidades hay de que dejen su huella en el cuerpo humano. Así, el *trastorno de estrés postraumático*, o el *trastorno de estrés agudo*, son cuadros clínicos que reflejan los efectos de haber vivido o presenciado experiencias altamente traumáticas: secuestros, torturas, agresiones, violaciones, asesinatos, etc.

En este sentido, el Dr. Sergio Oliveros Calvo afirma que nuestras tripas expresan sentimientos y estados de ánimo, y que inconscientemente cargamos muchas cosas sobre ellas.

Calcula además que aproximadamente una cuarta parte de las personas que manifiestan síntomas gastrointestinales no presentan lesiones orgánicas que las justifiquen.

Cerebro e intestino se comunican constante y directamente a través del *nervio vago* o *nervio neumogástrico*.

Antes se pensaba que la comunicación era en sentido del cerebro hacia el intestino. Hoy se sabe que cerca del 90% de estas células transportan información del intestino al cerebro y que usan las mismas señales para transmitir información.

El *sistema nervioso entérico* es una parte del sistema nervioso que se encarga de controlar directamente el aparato digestivo. Se encuentra en las envolturas de tejido que revisten el esófago, el estómago, el intestino delgado y el colon. Está compuesto por una red de neuronas, repartidas a lo largo de todo el tubo digestivo.

Esta red es capaz de actuar con cierta independencia, y en este sentido se habla del «segundo cerebro», aunque otros consideran que quizá fuera más apropiado llamarlo *primer cerebro*, ya que evolutivamente apareció antes, es más antiguo.

Otros estudiosos opinan que hablar del intestino como un segundo cerebro es bastante incorrecto, porque aunque cien millones de neuronas pueden parecer muchas, hay unas ochocientas cincuenta en la cabeza por cada una del sistema entérico. Sería como comparar una mansión de mil metros cuadrados con pequeño trastero. También son diferentes en su estructura, el cerebro es mucho más complejo, con divisiones especializadas y capas neuronales.

Las neuronas del sistema digestivo se encargan de, entre otras funciones, contraer y relajar los músculos que mueven los alimentos a través de los órganos y también controlan la secreción que ayuda a dividir la comida para que las células puedan obtener su alimento a través de la sangre.

¿Cómo relajar la zona digestiva?

Una vez que hayas logrado establecer una respiración lenta, profunda y con pausas, concentra tu atención en la zona estomacal-intestinal e intenta, especialmente durante la expulsión de aire y las pausas, relajarla.

Debes empezar por concentrarte en la parte central-baja del pecho, donde acaban los huesos de la caja torácica, bajo el esternón. Después ve poco a poco descendiendo hasta llegar a la parte intestinal baja.

Para ello puedes poner una de tus manos sobre la zona y después, tras cada ciclo de respiración, ir bajando la mano y focalizando tu atención en lugares cada vez más inferiores hasta llegar prácticamente al pubis. Repite este ciclo cuantas veces lo consideres.

En este punto es muy conveniente mantener una respiración abdominal (iniciándola desde lo más abajo posible), ya que producirá un masaje o movimiento en el aparato digestivo, contribuyendo a que sintamos esa zona, centremos la atención sobre ella y la relajemos.

Concédete el tiempo necesario y dedica al menos cinco minutos a relajar la zona digestiva tras haber establecido antes una respiración lenta, más o menos profunda y con pausas.

Durante la expulsión del aire y el periodo de espera antes de una nueva inspiración, podemos facilitar la relajación digestiva colocando una mano sobre la parte baja del abdomen y haciendo con ella lo siguiente:

- Producir vibraciones (como si tuviéramos temblor en la mano).

- Dando golpes muy suaves.

- Dando un suave masaje.

Estas sencillas acciones favorecen la concentración sobre la zona digestiva y ayudan a relajarla.

Hay una serie de señales o signos que indican que lo estás haciendo bien o muy bien:

- Sobre todo oyes ruidos en tu aparato digestivo, incluso en zonas laterales. Personas cercanas también podrán oírlos.

- También notas los movimientos que acompañan a los ruidos mencionados.

- Puedes a veces apreciar una especie de *vacío* en el estómago e incluso puede aparecer sensación de hambre.

- Ocasionalmente puedes percibir los latidos de tu corazón.

- En algún momento puedes sentir la necesidad de expulsar gases y hasta de defecar.

- Más extrañamente puedes experimentar cierto malestar digestivo en algún momento, sobre todo si la dieta no ha sido adecuada.

La relajación de la parte digestiva es muy conveniente durante el entrenamiento, pero en el momento de la relación sexual quizá deba pasar a un segundo plano, ya que absorbe una buena parte de la atención.

9

EL PAPEL DE LA MENTE

¿El sexo es sucio? Sólo si se hace bien.

WOODY ALLEN

Tanto en el entrenamiento como en cualquier situación, es normal la aparición de pensamientos. Desde la infancia hemos sido animados a usar nuestra mente para generar nuevas ideas, tomar decisiones correctas y buscar solución a los problemas.

Después de años de continua actividad mental, probablemente nos hemos convertido en *adictos a pensar*.

Según el laboratorio de Neuro Imaging, el ser humano tiene de media unos 70.000 pensamientos al día.

Con nuestra mente construimos historias a los que nuestro organismo reacciona como si fueran reales.

Las emociones suelen solo durar unos instantes, pero tenemos la tendencia a arrastrarlas, a extenderlas y a rumiarlas, creando estados de ánimo que, mantenidos en el tiempo, pueden llegar a convertirse en rasgos personales.

Es posible salir del modo «automático» y vivir más plenamente el presente con un mayor nivel de conciencia. *Mindfulness*, que en español se traduce como a*tención plena*, se refiere a prestar atención de manera intencional al momento presente con interés, curiosidad y aceptación, sin juzgar. Con este tipo de atención aprendemos a relacionarnos de forma directa con aquello que nos está ocurriendo aquí y ahora, algo muy interesante para las relaciones sexuales. Consiste en observar al cuerpo y la mente, de permitir que nuestras experiencias vayan apareciendo y de aceptarlas como son.

El término *meditación* se refiere a un amplio abanico de prácticas que incluyen técnicas para promover la relajación, obtener energía interna y desarrollar actitudes y valores positivos, entrenando la mente para procurar un estado de bienestar en cualquier actividad de la vida.

Se ha practicado desde la antigüedad como un componente de numerosas religiones y creencias, pero no constituye una religión en sí misma.

Es un método para entrenar y desarrollar la mente, para superar los modelos de pensamiento que producen sufrimiento y cultivar actitudes mentales sanas, propiciando estados de lucidez y sosiego. Algunas de sus variantes o modalidades conllevan frecuentemente desconectar del exterior para conectar con uno mismo, desatender a lo que hay fuera para atender al interior.

La meditación se ha relacionado con una gran cantidad de beneficios para la salud. Recientes investigaciones indican que puede realmente cambiar la forma, el volumen y la conectividad de nuestro cerebro. Científicos de la Universidad Carnegie Mellon demostraron que los adultos que practican la meditación no solo presentaban una mejor conectividad cerebral, también se habían reducido los niveles de un biomarcador inflamatorio clave, la *interleucina-6*, en cuatro meses. Esto es importante porque, en dosis elevadas, este biomarcador se ha asociado con cáncer, Alzheimer y algunos trastornos autoinmunes.

En la misma línea, neurocientíficos de la Universidad de California Los Ángeles, han demostrado que la meditación incrementa los niveles de girificación (los pliegues de la corteza cerebral producto del crecimiento), lo que se traduce en un procesamiento más rápido de la información: mejora la atención, la formación de recuerdos y la toma de decisiones.

El científico Peter Vestergaard-Poulsena, del Centro para la Neurociencia Funcional Integrativa en Dinamarca, piloto un estudio que demuestra que la meditación incrementa la materia gris, tiene efectos positivos en el sistema respiratorio, cardiaco e inmunológico, además de promover la estabilidad emocional y reducir los efectos del envejecimiento en la mente.

Los ejercicios respiratorios constituyen una de las diferentes formas que existen de meditación; y el sexo, practicado de cierta manera, puede considerarse otra forma de meditación.

La *meditación sexual* busca aumentar la conciencia sobre el cuerpo para obtener más placer durante el acto amoroso. El hecho de intensificar la conciencia produce frecuentemente que aumente la excitación.

No sólo puede practicarse en pareja, también en solitario.

La *meditación sexual taoísta* es una forma de meditación que se centra en fusionar los deseos de ambos miembros de la pareja y en la sincronía o coincidencia de su ritmo respiratorio, debiendo llegar hasta respirar como si fueran uno solo.

El *sexo tántrico* es una forma de sexo meditativo basado en el Tantra, una doctrina oriental milenaria que rinde culto al placer para alcanzar la plenitud espiritual. Su meta no es el orgasmo, sino potenciar los sentidos mediante besos, caricias y miradas para que fluya la energía sexual, dejando a un lado los tabúes y las prisas. Todo con mucha calma, retrasando la estimulación genital, sincronizando la respiración y dejando que la excitación sea progresiva.

Por último, la *meditación orgásmica* es otra forma de vivir la sexualidad sin prisas. Nicole Daedone, en su libro *Sexo lento, el arte y el oficio del orgasmo femenino,* propone la estimulación concienzuda del clítoris con el objetivo no solo de alcanzar un orgasmo más intenso y prolongado, sino de disfrutar plenamente del proceso, entendido como un ejercicio de espiritualidad. Esta estimulación permite que el cerebro active el sistema límbico (relacionado con el placer) y libere oxitocina, hormona asociada a los sentimientos de felicidad.

La mente por sí misma puede hacer un paraíso del infierno o un infierno del paraíso.

JOHN MILTON

¿Cómo es tu relación contigo mismo? Al hablar de comunicación solemos entender que se refiere a la relación con los demás. Pero si la comunicación con el exterior es importante, la comunicación interna, aquella que mantenemos con nosotros mismos, no lo es menos.

¿Qué te dices a ti mismo cuando te equivocas, cuando alguien no actúa como esperabas o cuando no consigues lo que te habías propuesto?

En ocasiones podemos ser nuestros peores críticos, hablándonos a nosotros mismos con desprecio y calificándonos de *inútiles*, *estúpidos*, etc.

A esto hace referencia la *autocompasión*, a cómo de amables somos con nosotros mismos, y no debemos confundirla con la autoindulgencia o con tener estándares bajos.

Nuestra cultura parece fomentar el ser duros con nosotros mismos para poder mejorar, el principal motivo por el que las personas son poco autocompasivas es el miedo a volverse indulgentes consigo mismas; creen que la autocrítica les hará cometer menos errores y ser mejores.

Sin embargo, los estudios demuestran que esta tendencia, aunque pueda funcionar a corto plazo, hace que tengamos a largo plazo una autoimagen más negativa.

Las personas que aceptan sus imperfecciones sufren menos de ansiedad y depresión, además de ser más felices y optimistas.

La autocompasión mejora nuestra experiencia porque ayuda a pensar que nuestro valor como personas no depende de lo bien que hagamos las cosas o de que nunca nos equivoquemos.

La autocompasión o el amor incondicional hacia uno mismo es un aspecto central en la práctica del *Mindfulness*. Cultivarla nos proporciona fuerza emocional, nos permite recuperarnos más rápido de nuestros sufrimientos y fomenta el desarrollo de una actitud de cuidado, ternura y respeto hacia nosotros mismos y hacia los demás.

La respiración conecta el cuerpo con los pensamientos.

Cada vez que tu mente se disperse, utiliza tu aliento para volver a tomar posesión de tu mente.

THICH NHAT HANH

Ante las distracciones se debe redirigir la atención a la respiración, tomando aire y comenzando de nuevo el proceso o el ejercicio.

Siempre que detectes que llevas un rato respirando de forma inconsciente o inadecuada, toma más aire en tu siguiente inspiración y expúlsalo lentamente abriendo un poco la boca.

De cara al entrenamiento hay técnicas que pueden resultar útiles para evitar distracciones; todas representan un soporte o guía para los pensamientos.

Para algunas personas, visualizar escenarios relajantes en su mente, como un jardín o una playa, puede funcionar bien.

También existe la opción de repetir un *mantra*, una palabra o frase positiva que se repite continuamente («relax», «paz», «estoy en calma»...) que sirva de guía al pensamiento y ocupe el espacio mental con mensajes más amables y positivos. Los mantras pueden ser hablados, cantados o realizarse en silencio (hablando o cantando en la mente).

Podemos usar la estrategia de *tararear* por partes una melodía o canción que recordemos o que inventemos, solo cada vez que expulsamos el aire. La exhalación no tiene porqué ser a través de la boca, podemos emitir sonidos con la boca cerrada.

Tenemos la posibilidad además de recurrir a grabaciones, ya sea en video o en audio, que nos guíen o dirijan. Si te apetece usar esta vía busca en Internet «relajación dirigida», «relajación guiada» o «fantasía dirigida».

En todos los casos anteriores se trata de usar una ayuda para concentrarnos en el ejercicio y conducir nuestro cerebro.

10

CONCEDE TIEMPO PARA LA MEJORÍA

La progresividad se refiere al desarrollo creciente, al aumento escalonado.

Igual que antes de estudiar algo más complejo se requiere conocer sus elementos más simples, para alcanzar un buen control de la eyaculación se debe antes dominar la respiración lenta, profunda y con pausas.

Nadie mentalmente equilibrado pensaría que se puede poner en forma acudiendo al gimnasio una o dos veces al mes.

¿Acaso te atreverías a levantar 60 kilos el primer día de entrenamiento con pesas?

¿O a correr una maratón sin haberte preparado en absoluto?

Lo mismo ocurre con la práctica de la respiración deliberada o consciente.

Si hasta ahora te has pasado toda la vida sin hacerle caso a tu respiración, no basta con una sesión de cinco minutos cada dos o tres días, para llegar a sacar un verdadero provecho se recomienda al menos dos sesiones de diez minutos a diario al menos las tres primeras semanas.

Si haces algo durante 21 días seguidos, tendrás una gran probabilidad de que se convierta en un hábito. Esta teoría, elaborada en 1960 por el psicólogo Maxwell Maltz, nos indica que debemos tomar quince minutos al día a la misma hora y en el mismo lugar para cualquier nuevo hábito que deseemos adquirir hasta que se cumplan los 21 días consecutivos de práctica.

No todo el mundo está de acuerdo con estas últimas ideas. Algunos consideran que la práctica o repetición continuada no es lo que crea el cambio, sino el hecho de *darse cuenta*, de tomar conciencia de los beneficios o de la mejoría.

Desde este punto de vista, los cambios, más duraderos y estables, no conllevan esfuerzos. Si el esfuerzo es necesario para crear un cambio, también lo será para mantenerlo, por lo que es posible que no se mantenga, ya que tenemos la tendencia a tomar el camino más fácil, el de la menor resistencia.

Así, por ejemplo, sería más positivo comer menos cantidad por habernos dado cuenta de que nos sienta mejor, que obligarse a comer menos parar poder perder peso.

Sea como fuere, para obtener un completo beneficio ***debes practicar a diario hasta incorporar los cambios en tu manera de respirar a tu vida cotidiana.***

11

EJERCICIOS Y SITUACIONES PARA ENTRENAR

En el tema que nos ocupa, hay al menos tres situaciones diferentes respecto a la realización de los ejercicios de respiración:

1. Cuando exclusivamente nos podemos dedicar a la práctica sin tener que atender a nada más, lo que sería un entrenamiento propiamente dicho.

Posiblemente es la más importante para la toma de conciencia sobre la propia respiración, para la mejora de la función respiratoria y para el desarrollo de la musculatura relacionada.

2. Cuando se realizan además otras actividades, mientras trabajamos, vemos TV o caminamos, por ejemplo.

Este punto puede ayudar a consolidar lo adquirido y a generalizar la respiración relajante a diferentes situaciones de la vida cotidiana.

3. Para calmarnos durante la relación sexual y retrasar la eyaculación.

Debemos comenzar por el entrenamiento en sentido estricto e ir extendiendo la práctica a otras actividades.

Al iniciar los ejercicios es recomendable dedicarse por completo a la tarea de la respiración consciente y mantenerse en silencio con los ojos cerrados. Utiliza ropa cómoda y holgada, y no permitas que asuntos de poca importancia interrumpan los ejercicios. Si es posible desconecta el teléfono, y si hay otras personas en casa avisa para que no te molesten.

Puede ser buena idea apoyarse en música tranquila o sonidos relajantes (o en videos si lo haces con los ojos abiertos), *ruido blanco* o lo que te apetezca, pero sobre todo, lo que necesitas, es disponer de un espacio y de un tiempo para poder dedicarte a ello.

Respirar de forma consciente y controlada mientras hablamos no es tarea fácil. Lo más habitual es que dejemos de prestar atención a la respiración y nos centremos en la charla y lo que queremos transmitir; el habla interfiere inevitablemente con la conciencia respiratoria.

Los periodos de silencio son necesarios, ya que la acción de hablar no suele resultar compatible con un ritmo respiratorio pausado y relajado.

Posibles ejercicios

A continuación se exponen una serie de variantes de ejercicios respiratorios a modo de sugerencias. Téngase en cuenta que cualquiera de ellos puede realizarse con menor o mayor esfuerzo.

1. Tomar el aire de manera más rápida y alargar la expulsión. Para ello podemos exhalar por la boca abriéndola muy poco. Una opción es mantener los tiempos en una proporción de 1:2, es decir, exhalar usando el doble de tiempo que la inhalación, realizando la inspiración de manera profunda por la nariz y la expiración de manera lenta por la boca.

2. Tomar el aire de forma más lenta y expulsarlo más rápidamente.

   Mantener la misma velocidad o lentitud al tomar el aire que al expulsarlo, en proporción 1:1, siguiendo un ritmo constante.

4. Realizar respiración lenta tapando de manera alternativa una de las dos fosas nasales.

5. Emitir un sonido suave (con la boca cerrada) mientras se expulsa el aire muy lentamente.

6. Realizar respiración localizada: solo abdominal o solo pectoral.

7. Iniciar la respiración muy lentamente desde la zona más baja e ir llenando hacia arriba.

8. Llenar el abdomen y el pecho *por oleadas*: en cada inhalación tomar aire primero de forma abdominal y seguidamente de forma pectoral, repitiendo el ciclo (volviendo a introducir aire en abdomen y pecho las veces que podamos) durante la misma toma de aire.

La importancia de *postura* y *manos*.

Durante los ejercicios es importante adoptar una posición cómoda, ya que una postura corporal inadecuada conduce a una *mala respiración*.

Por facilitar el movimiento del aire dentro del cuerpo, una de las mejores posturas para respirar es similar a la fetal y constaría de los siguientes elementos:

- Posición tumbada de lado, sin inclinarse o con una ligera inclinación hacia abajo para reducir la presión del aparato digestivo sobre el respiratorio.

- Rodillas flexionadas en dirección al pecho hasta la altura que se desee.

- Brazos a comodidad de la persona practicante.

Prueba también a hacer los ejercicios en posición tumbada, boca arriba, con los brazos y las piernas extendidas. El cuerpo completamente recto y estirado ofrecerá algo más de resistencia en comparación con la postura mencionada antes. Si te sitúas en posición tumbada boca abajo encontrarás más dificultad en expandir tus pulmones con normalidad, ya que encontrarás una resistencia abdominal frontal.

Al practicar caminando se debe mantener la espalda recta y la mirada al frente, igual que al hacerlo sentado es mejor apoyar la espalda completamente recta y relajar los hombros, así se facilitará una mejor entrada y salida del aire en el aparato respiratorio.

Con respecto a las manos ya se ha comentado que pueden usarse como ayuda para concentrarnos sobre una zona, aunque al situarlas apoyadas sobre el cuerpo y dejarlas relajadas también podemos hacer cierto empuje. Si las colocamos sobre el pecho, esto puede facilitar la respiración abdominal, que quedaría libre de presión, y viceversa. Si nuestras manos no se apoyan sobre nuestro cuerpo no habrá ningún empuje o presión sobre éste.

Ejercicios con esfuerzo.

Los esfuerzos y sobreesfuerzos pueden realizarse respecto a las cantidades (tomar o expulsar demasiado aire) y a los tiempos (alargar excesivamente la toma, la retención, la expulsión o la espera tras la exhalación).

Las posibilidades concretas de los ejercicios con esfuerzo serían las siguientes:

1º. Esfuerzo en la cantidad de aire que se toma o inhala.

Tomar la mayor cantidad de aire posible se puede conseguir más fácilmente con un llenado lento que con uno rápido, dando al cuerpo el tiempo suficiente para la expansión pulmonar.

2º. Esfuerzo en el volumen que se expulsa, exhalando la mayor cantidad posible de aire.

Al expulsarse el máximo de aire, la siguiente inspiración será mayor. Se llama *aire residual* al que queda en los pulmones y las vías respiratorias tras una espiración máxima o forzada. Es de aproximadamente 1,2 litros y no puede ser exhalado.

3º. Esfuerzo en el alargamiento del tiempo de inhalación, realizando el llenado muy lentamente. Realmente es una variante del primero poniendo mayor énfasis en la lentitud que en la cantidad.

4º. Esfuerzo en el tiempo de retención, manteniendo el aire en nuestro interior tras el llenado.

5º. Esfuerzo en el alargamiento del tiempo de la exhalación, expulsando el aire muy despacio. Podría también considerarse una variación del segundo, de nuevo dando más prioridad a la lentitud que al vaciado completo.

6º. Esfuerzo en la extensión de la pausa entre la exhalación y la nueva toma de aire.

7º. Esfuerzo sobre una zona concreta, típicamente llenar al máximo la parte baja o abdominal. Conlleva el esfuerzo planteado en el primer punto pero de forma localizada.

Una recomendación importante: los esfuerzos mejor de uno en uno. Por ejemplo, si lo aplicamos al tomar el aire, es mejor que la expulsión se haga sin forzar.

Por cierto, si estabas buscando la manera de trabajar tus abdominales en posición tumbada sobre el sofá sin tener que levantar el tronco, felicidades, ya la has encontrado: los ejercicios de respiración. Y si quieres trabajar la zona pectoral de igual manera y desde el mismo lugar... ejercicios respiratorios.

Los ejercicios con esfuerzo deben abordarse con mucha precaución y progresividad, y por los riesgos que entrañan solo son recomendables para personas efectivamente sanas.

A estas alturas es posible y hasta recomendable que te estés haciendo esta pregunta: ¿para qué hacer esfuerzos?

Si estás acostumbrado a cargar sacos de veinte kilos, llevar sacos de cinco kilos te parecerá algo muy fácil. O si cada mañana corres cuatro kilómetros, caminar dos no te supondrá ningún trabajo. Algo parecido ocurre con la respiración. Si estamos entrenados, si tenemos nuestro equipamiento en forma, estaremos más preparados para respirar adecuadamente en situaciones complicadas, y accederemos más pronto y mejor a un estado de calma.

También, como ya se ha señalado, este tipo de ejercicios supone alternar la tensión y distensión de la musculatura, promoviendo un efecto relajante.

Encuentra tu método personal.

Debes *escuchar a tu cuerpo* cuando ejercites tu respiración, y así establecer la velocidad, la profundidad o las pausas a tomar en cada momento. Juega y experimenta con los tiempos, el ritmo y la amplitud, deja que tu cuerpo te vaya indicando cómo respirar y descubre cual es la manera que más te satisface.

Parece que todos los cuerpos no funcionan exactamente igual, y hay muchos ejemplos de ello:

- El amplio catálogo de alergias existentes, al polvo, al polen, a los gatos, etc.

- El extenso listado de intolerancias y alergias alimentarias: al marisco, frutos secos, lácteos, gluten...

- Las diferencias en los efectos de un mismo medicamento sobre las diferentes personas.

Teniendo en consideración las indicaciones que se han propuesto, intenta respirar de la forma que más te agrade y te relaje. Expulsa el aire por la boca si te apetece, adopta la postura que desees y déjate guiar sobre todo por tu instinto o tu intuición.

Diferentes situaciones para practicar.

A continuación se proponen diferentes situaciones o escenarios en los que puede ser interesante experimentar y practicar los ejercicios respiratorios:

- Tras despertarte, en la cama.

- Con el estómago vacío, antes de alguna comida.

- Con el estómago lleno, tras una comida, ya sea inmediatamente o transcurrido un breve periodo de tiempo.

- En reposo, después de haber realizado una actividad física.

- Cuando te vas a dormir.

Posteriormente, cuando hayas alcanzado cierta práctica puedes probar mientras realizas actividades físicas: caminar, deportes, tareas domésticas o cualquier ocupación que requiera movimiento.

12

DIFICULTADES HABITUALES EN EL ENTRENAMIENTO

A algunas personas, los ejercicios de respiración consciente les producen miedo, resistencia o rechazo.

Seguidamente se exponen posibles dificultades que podemos encontrar al realizar el entrenamiento respiratorio, así como algunas ideas para solucionarlas:

1. Un pequeño porcentaje de personas pueden sentir nerviosismo al practicar. Puede ocurrir un efecto contradictorio o paradójico en personas con gran deseo de obtener beneficios muy rápidamente, que obtienen lo contrario a lo que buscaban. En estos casos debemos empezar por hacer respiración consciente durante periodos muy cortos, por ejemplo de un minuto, e ir ampliando paulatinamente los tiempos al experimentar mayor calma.

También es posible que en estas situaciones ayude la realización del ejercicio con los ojos abiertos.

2. Otra posibilidad es distraerse y abandonar el ejercicio sin darse cuenta, al pensar en otras cuestiones o por distracciones de origen externo, especialmente el ruido.

Cuando detectamos que nuestra mente se dispersa, ya sea fantaseando, recordando o planificando, debemos regresar al momento presente y retomar nuestra atención en la respiración y las sensaciones corporales. Aquí puede ser buena idea ir contando mentalmente mientras se toma el aire (1, 2, 3, 4...) y mientras se expulsa (de nuevo 1, 2, 3, 4...).

Muchas personas se quejan de *no poder parar la mente*. Detener el pensamiento es muy, muy difícil, de hecho para muchas personas resulta prácticamente imposible.

La mente tiende a la dispersión y a la ramificación en un eterno monólogo o diálogo: un pensamiento nos lleva a otro, ese a uno distinto y así sucesivamente.

Esta experiencia es normal, tras muchos años con la mente continuamente activada, la inercia hace que no sepamos aquietarla de manera fácil.

No debemos hacer el esfuerzo de intentar mantener *parada* la mente, no podemos *apagarla*, se trata de dejar pasar o transitar lo que va apareciendo, ya sean dudas, miedos, deseos, preocupaciones o dramas personales, sin ahondar en ellos.

Lo más aconsejable es intentar dejar marchar los pensamientos sin seguirles el hilo.

3. Algunos individuos pueden tener sensaciones *extrañas* o malestar en la parte abdominal al practicar la relajación digestiva, muy probablemente debidas al movimiento de alimentos y gases, e incluso por el hecho de prestarles atención.

En ocasiones, por un exceso de comida, por consumir alimentos poco digestivos o si se sufre de estreñimiento, es probable que la relajación digestiva pueda producir cierto malestar, aunque en la mayoría de los casos se trata de una incomodidad pasajera y *necesaria* para posteriormente experimentar mejoría.

En esos casos se suele mejorar al continuar con el ejercicio, al expulsar gases o al defecar. También puede ser de ayuda masajear o hacer vibrar suavemente con la mano la zona abdominal.

4. En caso de mareo hay que disminuir la profundidad de la respiración o abandonar momentáneamente el ejercicio e intentar distraernos con cualquier otra cosa para que nuestra respiración entre en *modo automático* (no consciente) y vuelva a la normalidad.

5. Muy raramente pueden presentarse calambres en el abdomen al realizar un sobreesfuerzo respiratorio. Entonces se debe volver a la respiración *normal*.

6. Ciertas personas tienen la sensación de que no realizan correctamente los ejercicios, pero eso es solo una percepción, ya que los ejercicios no se valoran como bien o mal hechos, ni hay una única manera de realizarlos.

Lo que se necesita es encontrar la forma que funcione para cada persona y mantener la constancia.

7. Hay quien percibe mejoría tras solo una sesión, pero a mucha gente le lleva más tiempo, lo que hace necesario tener paciencia y confiar en que se obtendrán beneficios.

Recuerda que para aprender a conducir vehículos, hablar correctamente un idioma o transformar un cuerpo obeso en uno musculoso hace falta tiempo y dedicación.

13

CONSEJOS FINALES

Para el entrenamiento.

Locura es hacer lo mismo una y otra vez esperando obtener diferentes resultados.

ALBERT EINSTEIN

• Adopta la postura que más te agrade, ya sea en posición sentada, tumbada o en movimiento. Haz lo que más te relaje, si sientes cualquier incomodidad vuelve a tu respiración *normal*, distrayéndote, si es necesario, con otra tarea.

• Usa recordatorios, centra tu atención en el momento presente y en tu respiración cada vez que se produzca un mismo hecho, por ejemplo, cada vez que oigas un nombre, cuando suene una notificación de mensajería o una llamada de teléfono.

• Aprovecha los *tiempos de espera*. A lo largo de nuestra vida se estima que, de media, pasamos *esperando* aproximadamente cuatro años, sobre todo en filas o colas, ya sea en comercios, organismos públicos, carreteras, etc. Esos tiempos *perdidos* son un momento excelente para practicar respiración consciente. Para el entrenamiento no es necesario disponer de mucho tiempo, entre diez y quince minutos por sesión pueden ser suficientes.

• Avisa a las personas con las que convives de que estás trabajando con tu respiración, de lo contrario, algunas pueden pensar que te sucede algo malo.

• Cualquier persona con fiebre debe consultar a un doctor antes o abstenerse de realizar ejercicios respiratorios. Cualquier trastorno relacionado con lo digestivo o lo respiratorio podría ser afectado por una respiración intensa o profunda, y podría ser necesario moderar o abstenerse de hacer algunos ejercicios. Las personas con enfermedades, heridas u operaciones quirúrgicas abdominales deben evitar por completo los esfuerzos.

• Un excesivo nivel de ansiedad no permite a veces acceder ni pronto ni fácilmente a una respiración más calmada, necesitándose unos minutos para empezar a estabilizarla.

•	Ten paciencia, si no obtienes resultados inmediatos, continua, es cuestión de tiempo.

•	Interpreta los ejercicios de respiración como un tiempo de descanso y de cuidado personal, intenta disfrutar del entrenamiento y entiéndelo como una forma de mejorar tu presente y una inversión para tu futuro.

Para el sexo.

De todas las aberraciones sexuales, la más singular tal vez sea la castidad".

REMY DE GOURMONT

•	Los sexólogos aconsejan dedicar un tiempo a los juegos previos para despertar la libido.

Desde los preliminares hasta el final del acto sexual, los estudios científicos plantean que lo ideal sería invertir un promedio de 20 a 30 minutos.

Los preliminares son muy importantes y quizás más necesarios en el caso de las mujeres, que suelen tardar más en excitarse para tener un encuentro satisfactorio.

Cada persona tiene además sus preferencias, que pueden variar con diferentes parejas y situaciones.

Para ser exactos, el tiempo invertido en una sesión sexual no garantiza que sea satisfactoria, la clave estaría en los preliminares y en retrasar por medio de juegos, cambios de ritmo y cambios de respiración, la llegada del clímax.

Según un estudio realizado en 2004 en mujeres, entre los factores más importantes para la satisfacción sexual, las mujeres señalaron los juegos preliminares o preamatorios.

Los preliminares, que deben entenderse en sentido amplio, podrían incluir una gran variedad de elementos:

- o Bailes y movimientos sensuales, *stripteases*.

- o Desvestir a la pareja.

- o Dejar que nos desnude nuestra pareja.

- o Miradas, gestos, expresiones faciales, posturas corporales.

- o Palabras, frases, sonidos.

- o Besar, lamer, morder suavemente.

- o Acariciar, agarrar, golpear suavemente.

o   Usar juguetes sexuales, alimentos o bebidas.

o   Juegos como el *strip poker*.

o   Vendar los ojos, atar las manos a la pareja.

o   Usar disfraces, plantear situaciones imaginarias.

Buenas noticias: cinco minutos de coito pueden ser suficientes para muchas mujeres si su pareja se toma el tiempo necesario para realizar correctamente los *juegos previos*.

• En el vertiginoso mundo actual hay gente que no tiene ninguna prisa. El *movimiento slow* o *movimiento lento* sugiere que es mucho más placentero tomarse con lentitud ciertas actividades, como comer o hacer el amor. Es una corriente cultural que propone calmar las actividades humanas reduciendo el ajetreo cotidiano, y que plantea tomar el control del tiempo en vez de someterse a él. Sus defensores opinan que, aunque la tecnología puede abreviar ciertas actividades humanas, las cosas más importantes de la vida no deberían acelerarse.

Sus partidarios animan más a la actividad que a la pasividad, diferenciando la pereza de la lentitud.

Se trata de ser selectivos en nuestra actuación y en ser plenamente conscientes de cómo invertimos nuestro tiempo. La sociedad actual promueve la prisa no solamente en el trabajo, también en el resto de ámbitos. No hay tiempo para reflexionar, pensar o imaginar, y mucha gente se ha vuelto adicta a la velocidad. Además hay una gran desconexión del medio natural y de su tempo.

Carl Honoré, autor de *Elogio de la lentitud*, es uno de los teóricos de esta tendencia mundial que promueve un ritmo sosegado hasta en las actividades más cotidianas. Según este periodista canadiense, una vida rápida es una vida superficial, y la lentitud no está relacionada con la ineficacia, sino con el equilibrio.

• La mejor forma de respirar durante el sexo estará en función de lo que queremos obtener y del momento en el que nos encontramos.

Para prolongar la relación debemos mantener una respiración lenta, profunda y pausada. Esto nos ayudará a concentrarnos en las sensaciones y en el presente para disfrutar completamente del momento.

Puede ser positivo, aunque no imprescindible, relajar la zona digestiva, siempre y cuando esto no nos aleje o distraiga de la actividad sexual.

Contrariamente, en el caso de una persona con dificultad para llegar al orgasmo, empezar con esta respiración pausada puede ayudarla a sentir más al principio, pero es aconsejable aumentar poco a poco el ritmo respiratorio hasta llegar al jadeo.

• Aunque resulte obvio, el tiempo transcurrido desde la última eyaculación también influirá en la duración del siguiente coito, por lo que es un elemento a tener en cuenta.

• Conviene olvidarse de expectativas y de la autoexigencia en el rendimiento, ya que suelen generar ansiedad, una mala compañera para el sexo.

La obsesión por el tiempo de duración del coito puede resultar negativa para el hombre por tratar de llegar a una meta que no es razonable y relacionar su virilidad con la duración del acto sexual, algo nada realista y psicológicamente perjudicial; el sexo no consiste en intentar batir un récord, sino en disfrutar de la intimidad con otra persona.

• Jadear, gemir o hacer ruidos con la boca mientras se practica el coito puede funcionar para evitar la eyaculación temprana, ya que conlleva un control respiratorio más adecuado.

- En caso de elevada excitación podemos recurrir a alguna de estas estrategias:

  - Tardar en empezar la propia estimulación mientras se estimula a la pareja.

  - Detener unos momentos la propia estimulación mientras se continúa estimulando a la pareja y se estabiliza la respiración. Hay que parar antes de llegar al *punto de no retorno* (aquel que inevitablemente nos conduce a la eyaculación), así podremos bajar la excitación y retrasar el final.

- Aunque mucha gente diga que los hombres no podemos hacer dos cosas a la vez, no es cierto; somos capaces de controlar nuestra respiración mientras mantenemos relaciones sexuales.

Si el sexo es un fenómeno tan natural, ¿cómo es que hay tantos libros sobre cómo hacerlo?

BETTE MIDLER

¡Que lo disfrutes!

www.ingramcontent.com/pod-product-compliance
Lightning Source LLC
Chambersburg PA
CBHW070831260726
48654CB00025B/990